Nelson Moraes
pelo Espírito Aulus

Perdão

O Caminho da Felicidade!

Aliança

1ª edição, agosto/2011, do 1º ao 3º milheiro
(Edições anteriores 36.000 exemplares pelas editoras Aulus e Wpaz)

TÍTULO
Perdão - O Caminho da Felicidade!

AUTOR
Nelson Moraes

REVISÃO
Zilda Gaspar Oliveira de Aquino

DIAGRAMAÇÃO
Felipe Rennó Martins

CAPA
Felipe Rennó Martins

IMPRESSÃO
Bartira Gráfica e Editora S.A.

FICHA CATALOGRÁFICA

Dados Internacionais de Catalogação na Publicação (CIP)
— Câmara Brasileira do Livro | SP | Brasil —

Aulus (Espírito).
      Perdão: O Caminho da Felicidade! / pelo Espírito Aulus;
[psicografado por] Nelson Moraes.
São Paulo : Editora Aliança, 2011.

      ISBN: 978-85-88483-66-2 / 128 páginas

      1. Espiritismo 2. Ficção espírita 3. Psicografia
      I. Moraes, Nelson. II. Título.

11-07352   CDD-133.93

ÍNDICE PARA CATÁLOGO SISTEMÁTICO:

1. Ficção espírita: Espiritismo   133.93

EDITORA ALIANÇA
Rua Major Diogo, 511 - Bela Vista - São Paulo - SP
CEP 01324-001 | Tel.:(11) 2105-2600 | Fax: (11) 2105-2626
www.editoraalianca.org.br | editora@editoraalianca.org.br

Sumário

Primeira Parte

Segunda Parte

esclarecimentos

Muitos leitores poderão perguntar: qual a diferença entre um livro psicografado e um livro orientado pelo Espírito? Então, resolvemos esclarecer:

O livro psicografado é escrito pelo Espírito através do médium, todo o conteúdo é de sua autoria, ao passo que o livro orientado é escrito pelo médium com a participação do Espírito que se associa ao trabalho a ser realizado, prestando sua orientação sobre os temas a serem abordados. Nesse caso, o médium, muitas vezes, narra certos acontecimentos ou experiências vividas por ele e que são analisadas e explicadas sob a inspiração do Espírito orientador.

Nesse colóquio mediúnico, o médium evolui em conhecimentos, pois associa o seu raciocínio com o do amigo espiritual que o assiste, surpreendendo-se com revelações as quais jamais havia pensado e que fazem luz a conceitos antigos que até então eram incompreendidos.

É o que vamos observar no conteúdo deste livro que acende uma luz nova a muitos conceitos que até hoje eram vagamente compreendidos.

Agradeço de coração ao Espírito Aulus que, apesar das minhas imperfeições, insiste em fazer-me instrumento para transmitir seus conhecimentos a todos que, como eu, estão ávidos de saber.

Muitos me perguntam se ele é o Espírito Aulus que figura nas obras de André Luiz. Sou obrigado a afirmar que eu não sei, pois ele nunca me confirmou ou negou; deve ter seus motivos para agir assim, os quais eu respeito. Estou preocupado apenas em aprimorar minha sintonia para continuar servindo aos seus elevados propósitos.

Em todos os anos em que tenho trabalhado pelo Espiritismo, em nossos trabalhos, jamais se ouviu qualquer referência sobre este ou aquele benfeitor espiritual, de renome ou não. Sempre acreditei que o que conseguimos realizar em favor do próximo é que denuncia claramente de quem estamos recebendo apoio e assistência espiritual.

Nelson Moraes

A ignorância natural, na infância do Espírito humano, é um estágio evolutivo por onde todos transitamos um dia. Mas a ignorância em que muitos estacionam através de uma fuga conveniente da verdade, sufocando a própria consciência, é o flagelo que assola a humanidade neste século!

Primeira Parte

o porquê do perdão

Com os inegáveis avanços da ciência, o homem, em seus arroubos de grandeza, gasta valiosos recursos tentando ampliar seu domínio ao espaço cósmico, sem ao menos ter aprendido a viver no diminuto espaço que ocupa na sociedade onde convive com o seu semelhante.

Cada presídio construído no mundo comprova essa realidade, atestando o grau de ignorância em que ainda se encontra o homem na Terra. Não falamos da ignorância cultural ou inocente, mas da mais grave de todas as ignorâncias que predomina não só entre os incultos, mas principalmente nos meios ditos esclarecidos.

A tecnologia encurtou distâncias e ampliou as comunicações, proporcionando ao homem tomar conhecimento em poucos instantes de tudo o que acontece no mundo. Entretanto, com todos esses recursos, por incrível que pareça, a grande maioria dos homens ainda continua ignorante da sua real natureza e da verdadeira finalidade da vida.

É essa a ignorância que contribui para o aumento da criminalidade e o crescimento constante da população carcerária em todo o mundo. Se analisarmos o problema da criminalidade de forma um pouco mais profunda, vamos perceber que, na verdade, não existem criminosos, o que existe são dois tipos de vítimas dessa ignorância: a vítima passiva e a vítima ativa.

Os violentos, os desonestos, os corruptos, e os criminosos de toda sorte são as vítimas ativas que, sem compreenderem o verdadeiro significado da vida, acham-se no direito de tomar para si o que não conseguiram conquistar pelos meios adequados e justos.

Vítimas da própria ignorância, serão julgados no tribunal da própria consciência onde o remorso os condenará a duras penas que poderão representar séculos de sofrimentos até que, como vítimas da violência que usaram hoje, resgatem seus crimes no futuro.

Por outro lado, menos doloroso, nossos irmãos que sucumbiram como vítimas passivas, provavelmente, são criminosos de outrora que retornaram ao mundo físico para resgatarem a consciência atormentada pelos crimes cometidos em encarnações passadas. Como vítimas hoje, retornaram ao mundo espiritual aliviados em suas consciências.

Aqueles que sofreram da violência apenas prejuízos morais, materiais ou físicos, com certeza, submeteram-se a provações que, se compreendidas, servirão de lastro para grandes conquistas na renovação dos seus sentimentos, resgatando os equívocos cometidos no pretérito.

Analisando as duas situações, percebe-se que o ser humano, em qualquer circunstância, é sempre uma vítima de si mesmo e da sua ignorância; além disso, o mal que pratica acaba servindo aos propósitos divinos no cumprimento das suas leis sábias e justas que punem os criminosos de ontem, através dos criminosos de hoje.

Todos são dignos da nossa compreensão!

Até que consigamos superar esse período de ignorância espiritual em que vive a maioria dos seres encarnados, os cárceres, os hospitais e os manicômios estarão sempre lotados.

Não quero, sob esse argumento, isentar da culpa aqueles que optaram pelos caminhos do crime, mas apenas chamar a atenção a um sentimento que, estimulado pela mídia, parece se generalizar na grande maioria das mentes desprevenidas. Trata-se da ideia de que os criminosos são seres à parte do contexto social e incapazes de qualquer recuperação.

Não podemos generalizar e nem tão pouco esquecer de que, há menos de cento e cinquenta anos, as leis humanas permitiam a muitos de nós, reencarnados naquela época, dar os filhos recém-nascidos dos nossos escravos como alimento aos cães e aos porcos e até matar os adultos nos troncos, sob o guante infame da chibata, além de nos permitir praticar abusos inconfessáveis contra as mulheres cativas.

Apesar disso, não nos tornamos criminosos perante as leis da Terra, mas ferimos profundamente as leis naturais e as leis divinas.

É por esse motivo que jamais devemos julgar ou condenar quem quer que seja. Talvez os erros que apontamos no nosso próximo sejam aqueles que mais praticamos no passado. Hoje entendemos por que Jesus desafiou a turba sequiosa pela condenação, afirmando: "Atire a primeira pedra quem não tiver pecado".

As pessoas habituadas ao perdão sofrem menos do que aqueles que ainda se deixam envolver pela ideia de que perdoar irrestritamente é abdicar dos próprios direitos supostamente conferidos pelas leis humanas. Com isso, arrastam-se durante uma vida duelando mentalmente ou juridicamente em uma luta inglória que culminará somente com perdedores perante as leis naturais da vida.

Os movimentos que alguns realizam para agravar as penas sobre os infelizes que optaram pelo crime, quase sempre, nasceram do sentimento de vingança e de ódio daqueles que tiveram seus interesses ou entes queridos feridos pela violência, que não é causa, mas sim um efeito gerado por uma sociedade que ajudamos a construir.

Se, diante de tais fatos, percebemos claramente a importância do perdão até para com os criminosos do mundo, imaginemos a importância do perdão entre aqueles que estão ligados a nós pelos laços consanguíneos ou por um parentesco indireto, submetendo-nos, por força das circunstâncias, a uma convivência útil e necessária.

No decorrer dos fatos aqui relatados, o leitor vai descobrir que, em certos momentos da nossa vida, sofremos muitos dissabores desnecessários por não termos aprendido a exercitar o perdão.

"O mundo é pequeno! Até as pedras se encontram!"

São afirmações populares que apontam para uma grande verdade. Cedo ou tarde, todos nos reencontraremos. Façamos o melhor para o nosso próximo, para que tenha de nós uma boa impressão, a fim de, por ocasião do reencontro, sejamos felizes...

Capítulo 2

os benefícios do perdão

Se deixamos a mágoa entrar em nossos corações pelas portas da frente, a felicidade sai pelas portas dos fundos!

Perdoar sempre é prova de sabedoria. É uma atitude nobre e ao mesmo tempo profilática, pois, ao perdoar aqueles que erroneamente denominamos nossos inimigos, estamos nos poupando de sérias complicações de saúde e, ao mesmo tempo, consolidando a alegria de viver em paz com a vida e com todos à nossa volta.

Automaticamente, com essa atitude, tornamo-nos mais simpáticos, mais alegres e mais otimistas, aptos a desfrutarmos do sucesso em todas as nossas manifestações.

Quando adotamos o perdão em nossos corações, estamos nos desvinculando da faixa vibratória por onde transitam as emanações mentais de inteligências voltadas para o mal; consequentemente, adquirimos a paz. Este é o primeiro de uma série de benefícios que a atitude do perdão nos proporciona.

Alcançamos a paz porque nos desassocia-mos dos pensamentos de mágoa e de rancor, impedindo que os dardos mentais envenenados, daqueles que nos magoaram, continuem nos atingindo. Com essa atitude, criamos um mundo novo dentro de nós, onde o nosso coração se transforma no guardião dos nossos pensamentos, ampliando a nossa felicidade.

Quem pensa bem e age bem, vive bem!

Se vivemos constantemente apontando as escabrosidades do mundo, sem procurar compreendê-las, estaremos nos associando mentalmente aos acontecimentos infelizes e, amanhã, poderemos nos tornar suas vítimas.

Nós somos o que pensamos e irradiamos à nossa volta exatamente o que sentimos. Todos os que se aproximam de nós são envolvidos por essa energia que emana dos nossos sentimentos e, com certeza, através dela, atrairemos para o nosso convívio todos aqueles cujos pensamentos se associam aos nossos, ou seja, os nossos afins, os que pensam e sentem como nós, encarnados e desencarnados. Então eu direi: "Diga-me o que pensas e sentes e eu te direi com quem andas!"

Aprimorar nossas atitudes, nossos pensamentos e sentimentos é uma maneira inteligente e de certa forma científica de nos libertarmos do ciclo vicioso do sofrimento. Felizes são aqueles que já acordaram e estão em luta constante em busca desse aprimoramento! Estes já estão a caminho da verdadeira felicidade. Ao passo que, aqueles que ainda se vinculam ao sentimento de mágoa e de ódio, caminham para sofrimentos e provações morais que, mais tarde, refletir-se-ão no corpo físico, provocando sérios danos à saúde.

Mesmo quando somos caluniados e feridos injustamente, é de bom alvitre optarmos pelo perdão. Entretanto, perdoar não significa conviver ou acarinhar aqueles que se fizeram nossos adversários; é uma postura íntima que devemos assumir compreendendo a ignorância daqueles que ainda não alcançaram o grau da nossa compreensão. É como perdoar as crianças pelas suas traquinagens próprias da infância.

Encontraremos forças para assumir essa atitude na sábia rogativa do Mestre, proferida nos momentos finais do seu sacrifício: "Pai, perdoai-os; eles não sabem o que fazem".

Realmente, aqueles que tomam atitudes contrárias à felicidade de alguém, por inveja ou por ciúmes, ou por qualquer outro motivo, é vítima da própria ignorância; não sabem que, com esse comportamento, semeiam a própria infelicidade. Só se tornarão suas vítimas, aqueles que vibram na mesma faixa de ignorância.

"Eu, porém, vos digo: amai os vossos inimigos."

Aqueles a quem chamamos de inimigos são nossos irmãos que, ao longo da nossa vida, surgem a conta de professores impondo-nos lições difíceis, porém necessárias ao nosso aprimoramento espiritual. É dessa forma que devemos compreendê-los e amá-los, como nos recomenda Jesus...

Capítulo 3

como praticar o perdão

O que fazer quando a vida coloca à nossa frente pessoas que se tornam difíceis para uma convivência harmoniosa?

Quantos encontram essas pessoas dentro de casa! Muitas vezes na figura de um irmão ou irmã, cunhado ou cunhada, sogra ou sogro, até mesmo mãe ou pai, vizinhos, patrão, colega de trabalho, professores, colega de escola e até mesmo entre aqueles que nos são subalternos.

Uma das formas mais inteligente e eficaz para se lidar com esse problema foi comprovada pela prática:

Meu filho começou a trabalhar quando tinha apenas um pouco mais de quatorze anos.

Na empresa onde trabalhava, sua chefe o tratava de forma rude. Não perdia uma única oportunidade de humilhá-lo. Depois de quase um ano de convivência difícil, um dia, eu o surpreendi chorando no seu quarto. Preocupado, perguntei o que estava acontecendo. Foi quando tomei conheci-mento do seu problema. Juntos fizemos uma prece e, inspirado, passei-lhe a seguinte orientação:

— Meu filho, todas as noites ao deitar-se, imagine que está vendo essa moça na sua frente. Depois, converse mentalmente com ela, diga-lhe que você a ama muito. Peça para ela perdoar-lhe por algum mal que você possa ter feito a ela em outras vidas. Procure, através do pensamento, abraçá-la carinhosamente. Faça isso todos os dias e você verá que essa moça vai transformar-se na sua melhor amiga dentro da empresa.

Depois de alguns meses desses exercícios, re-almente, a moça tranformou-se na sua melhor amiga; graças a ela, hoje, depois de quinze anos, ele ocupa um cargo muito importante dentro da empresa.

Nada resiste à força do amor!

Muitas vezes, o bem que precisamos surge a nossa frente com a aparência de um mal. Se meu filho fugisse à convivência difícil, não teria alcan-çado o bem que hoje desfruta na empresa.

A partir dessa experiência bem sucedida, passei a prescrever essa receita para as pessoas que estavam vivenciando situações semelhantes.

Certa vez, uma senhora procurou-me de-monstrando muita amargura em seu coração.

Ouvi o seu desabafo:

— Estou sofrendo muito. Moro no mesmo quintal da minha sogra e o ambiente vai de mal a pior. Ela me olha com mágoa e eu nunca fiz mal a ela. Quando ela passa no corredor e olha para dentro da minha casa, eu tremo de cima em baixo. Não sei mais o que fazer...

— Calma minha filha, para tudo existe solução. Você tem condições de mudar para uma outra casa?

Ela respondeu-me taxativa:

— Infelizmente não.

— Bem. Se as circunstâncias a impedem de mudar, é sinal de que você ainda precisa conviver com ela por algum tempo. Acredito que essa convivência é importante para que possam, juntas, viverem uma lição necessária ao crescimento espiritual de ambas.

Não se desespere. Vou passar a você uma receita que dificilmente vai falhar:

Todas as noites, ao se deitar, faça uma prece e mentalize a sua sogra como se estivesse na sua frente...

Repeti a mesma receita que havia dado ao meu filho.

Passaram-se alguns meses, essa senhora procurou-me novamente. Emocionada, com lágrimas nos olhos, narrou-me os acontecimentos após os exercícios da mentalização:

— O senhor não imagina! Mudou tudo na minha casa! Não sei o que fazer com a minha sogra! Agora ela não sai do meu lado, quase todos os dias me ajuda a enxugar a louça e, quando faz uma comida diferente, chama-me para almoçar com ela. Antes eu não aguentava a sua presença, agora, sinto alegria por estar ao seu lado. Graças a Deus, estamos vivendo em paz!

Não fuja às provações!

Bem aventurados aqueles que edificam apesar das adversi-dades! Lograrão a liberdade e a paz que desejam!

o perdão alterando destinos

Geralmente, quando as circunstâncias nos obrigam a uma convivência da qual não podemos nos furtar, é porque ela é necessária. Geralmente, o período dessa convivência é determinado pelo tempo que nós levamos para compreendê-la.

Se radicalizamos mantendo a indiferença, ou nos posicionamos como adversários, essa convivência pode durar muitos anos, causando-nos muitos contratempos e desgostos. Entretanto, se buscarmos os caminhos do entendimento fraterno, mesmo quando isso nos impõem atitudes fundamentadas na humildade, poderemos abreviar esse tempo e, com certeza, vamos nos poupar de provações desnecessárias e tirar o devido proveito no que diz respeito a nossa participação dessa convivência, dissolvendo as marcas da rivalidade que provavelmente surgiram um dia em uma existência anterior.

Certa vez fui procurado por uma moça que viera sozinha para São Paulo a fim de trabalhar. Alugara um cômodo em uma casa de cômodos onde moravam outras três moças. Ouvi o seu desabafo:

— Estou desesperada! Preciso mudar do lugar onde estou e não consigo. Faz mais de seis meses que estou tentando; quando encontro um lugar que seria o ideal para mim, alguma coisa dá errado. Eu não aguento mais os desaforos que as minhas vizinhas fazem para mim! Elas me odeiam sem motivo. Nunca fiz nada contra elas, não sei o que está acontecendo. Às vezes, fico vagando pelas ruas a fim de chegar tarde em casa para não encontrá-las.

Percebi, claramente, que se tratava de um reencontro de velhas adversárias do passado. A vida estava proporcionando a elas um momento de convivência reeducativa, exigindo atitudes renovadas. Meditei profundamente sobre o problema da nossa irmã e a orientei de forma a proporcionar-lhe um aproveitamento adequado da oportunidade que a vida estava lhe oferecendo:

— Sei que o diálogo com essas irmãs se torna impossível, mas você pode reconciliar-se com elas através do pensamento...

Novamente prescrevi a velha receita.

Passados alguns meses, nossa irmã nos procurou; estava feliz! Emocionada, relatou-nos os resultados:

— Eu fiz exatamente como o senhor mandou! Todas as noites e, às vezes, até durante o dia, eu fiz as mentalizações. O senhor não acredita! Depois de algum tempo, elas mudaram completamente e se tornaram minhas amigas! Logo depois, consegui o lugar que sempre sonhei morar. No dia da minha mudança, elas vieram se despedir e lamentaram a minha partida.

Com certeza, se nossa irmã permanecesse arredia, furtando-se a buscar a solução que a própria situação lhe impunha e continuasse a corresponder à animosidade existente entre elas, essa convivência poderia se arrastar por muitos anos. Entretanto, com a atitude adotada, ela libertou-se rapidamente de uma convivência dolorosa, porém necessária para quebrar os vínculos ainda existentes no subconsciente de cada uma delas.

Os reencontros difíceis não são provocados por Deus a fim de nos punir.

Os registros existentes em nosso subconsciente é que nos levam, automaticamente, a viver as experiências que se tornaram fundamentais para o nosso crescimento espiritual. Onde estamos e com quem estamos é uma exigência das necessidades e merecimentos que compõem o nosso roteiro evolutivo.

O corpo vive em função da força que o espírito imprime sobre ele.

Se as forças do Espírito estão debilitadas por alimentar-se de sentimentos negativos, consequentemente, o corpo, refletindo a debilidade do Espírito, adoecerá.

Capítulo 5

a cura pelo perdão

Quando eu trabalhava no ramo de construções e estava construindo uma casa para um cliente que se tornou meu amigo, certa feita, essa pessoa, tomando conhecimento do meu trabalho mediúnico, pediu-me que eu fosse ver sua comadre, uma uruguaia, que sofria de uma bronquite crônica que a levava quinzenalmente a ser hospitalizada.

Atendendo ao seu pedido, fui visitá-la. Morava próximo à obra do amigo.

Quando cheguei em sua casa, recebeu-me cordialmente; estava ofegante, percebia-se a gravidade do problema que a fazia sofrer. Conversei bastante; realmente ela precisava de ajuda. Mostrou-me uma caixa cheia de remédios e resultados negativos de exames; já havia tentado de tudo. Consultara quase todos os especialistas.

Naquele dia, apliquei-lhe um passe. A partir daí, todos os dias, quando me dirigia para a obra do meu amigo, passava pela sua casa e administrava-lhe um passe.

Percebi tratar-se de uma enfermidade de fundo psíquico-emocional. Entretanto, após duas semanas de passes consecutivos, não apresentava melhora. Preocupado, consultei os benfeitores espirituais que me assistiam naquele caso. Obtive uma resposta sucinta: Consulte o seu coração!

No dia seguinte, antes de ministrar-lhe o passe, conversamos muito; então, aproveitei e perguntei-lhe:

— A senhora tem mágoa de alguém?

Após a pergunta, seu rosto ruborizou e ela respondeu:

— Muita mágoa! Muita mágoa mesmo! Quando eu tinha apenas quinze anos de idade, meu irmão deu-me uma surra na frente de um jovem com o qual eu tinha uma grande amizade. A humilhação que passei foi muito grande. Não consigo perdoá-lo. Quando me lembro do acontecido, sinto vontade de matá-lo.

Percebi o quanto ela o odiava. Esse era o seu grande problema. Conversei muito com ela e acabei convencendo-a de que era preciso reconciliar-se com o irmão, porém, ele morava no Uruguai. Diante desse fato, só restava uma alternativa; novamente, como nos outros casos, recorri à velha receita...

Ela se prontificou a exercitar o perdão através das mentalizações.

Continuei ministrando-lhe o passe por mais alguns dias, mas, como eu havia terminado a obra do meu amigo, fiquei impedido de visitá-la diariamente.

Passados alguns meses, o meu amigo telefonou-me, pedindo que eu fosse até a obra para orientá-lo no tipo de revestimento externo que deveria usar como acabamento final. Na ocasião, aproveitei e passei pela casa da enferma.

Fiquei surpreso ao vê-la lavando o jardim com os pés descalços. Quando me viu, chorou de emoção e fez-me entrar para ouvir sua narrativa:

— Eu fiz exatamente como o senhor me orientou! Todas as noites, através da imaginação, eu me via diante de meu irmão e o abraçava. Foi muito difícil, mas eu continuei, até que, certa noite, quando eu senti que seria capaz de abraçá-lo, se realmente estivesse diante dele, fui acometida de uma sonolência estranha. Nessa hora, vi claramente uma mulher entrar no meu quarto e falar:

— Minha irmã! Você está curada! Tome dois vidros de Emulsão de Scott para se fortalecer.

Depois de narrar o acontecido, sorrindo, mostrou-me o vidro de remédio e afirmou:

— Já tomei um e agora começo a tomar o outro!

Realmente, ela estava curada! Não só da bronquite, mas também do coração!

Esses acontecimentos surgem em nossas vidas para crescermos espiritualmente. São lições importantes, às vezes aparentemente injustas, mas que, na realidade, atendem às nossas mais prementes necessidades evolutivas. As pessoas que se tornam os instrumentos na aplicação dessas lições, apesar do grau de ignorância em que estagiam, surgem como material didático, proporcionando-nos valiosas oportunidades de exercitarmos as virtudes que ainda não conquistamos.

O mal que nos causam, se bem compreendidos, transformam-se em um bem muito maior, cujos benefícios aprendemos a reconhecer mais tarde.

O amor não nasce espontaneamente!

É construído no exercício da nossa liberdade enquanto atuamos no campo da convivência irrestrita, necessária e obrigatória que a vida, sabiamente, através das circunstâncias, nos impõe...

exercitando o amor

Não estamos expondo ao leitor apenas uma teoria, mas sim, uma verdade comprovada por fatos colhidos ao longo de muitos anos em contato com os problemas humanos. Por isso, podemos afirmar, com segurança, que a grande maioria dos problemas que fazem o ser humano sofrer são oriundos de sentimentos desequilibrados.

Quando falamos em sentimentos, não estamos nos referindo ao sentimentalismo, mas sim, aos verdadeiros sentimentos que o ser humano precisa desenvolver para poder desfrutar da verdadeira felicidade.

Sentir, todos sentimos, porém, cada qual ao seu modo. O importante, no sentir, é saber por que sentimos.

Quando se pergunta: Por que você ama? Logo vem a resposta:

Não sei! O amor é cego!

Esse conceito é errôneo; na verdade, o amor não é cego. As pessoas que amam por impulso é que são cegas e esse sentimento que dizem ser amor nada mais é do que paixão. Esta sim, é cega! Faz-nos iludir com as aparências para depois desiludir-nos com a realidade. Por isso, cresce o número de separações e divórcios no mundo. Todos os dias vemos esse sentimento equivocado que parecia um grande amor se transformar em ódio.

O verdadeiro amor é um conjunto de sentimentos que sobrevive a tudo! Inclusive à paixão! O amor é perdão, compreensão e renúncia. Sem esses ingredientes, não existe o amor.

Este é o amor que precisamos desenvolver!

Não perdoar os erros humanos cometidos pela ignorância é o mesmo que não perdoar as crianças por não se comportarem como adultos.

A vida é a grande pedagoga! Todos os dias, através de circunstâncias que fogem ao nosso controle, ela nos ensina a caminharmos na direção do amor ideal.

Os desencontros, a ingratidão e as decepções são materiais didáticos que nos proporcionam a oportunidade de ensaiarmos esse amor. Não existe o amor à primeira vista. Quando duas pessoas se encontram e imediatamente surge entre elas um amor verdadeiro, esse amor não nasceu naquele momento, com certeza, foi construído algum dia no passado.

Ao contrário da paixão, o verdadeiro amor transcende as aparências e supera os obstáculos, consolidando-se em uma convivência feliz, apesar de toda a adversidade que possa enfrentar.

Aqueles que amam de verdade se realizam quando conseguem promover a felicidade de quem ama.

O verdadeiro amor coloca, acima dos próprios direitos, os direitos da pessoa amada. Um amor desse porte, nada pode destruí-lo; ele supera o orgulho e todas as paixões que possam prejudicá-lo. É esse amor que se perpetua na eternidade! Supera os interesses materiais e físicos, para consolidar-se no Espírito eterno.

Estamos falando do amor entre um homem e uma mulher, mas é esse mesmo amor que um dia vai prevalecer entre todas as criaturas. Por isso, podemos afirmar, com segurança, que o casamento e a constituição da família compõem valioso laboratório para desenvolvê-lo.

É na convivência domiciliar de uma família que acontecem os reencontros mais importantes entre os Espíritos em evolução. Na maioria dos casos, são Espíritos que se reúnem para exercitarem entre si o perdão, a fim de apagarem as marcas dos desencontros e conflitos vividos em encarnações passadas.

É esse convívio, muitas vezes difícil, que, se bem compreendido, pode levar os Espíritos envolvidos à consolidação do verdadeiro amor. Para isso, entretanto, é necessário muita compreensão, tolerância e o exercício constante do perdão.

Certa ocasião, uma senhora procurou-me. Estava aflita. Seu filho de dezoito anos saíra de casa pela terceira vez. Só que, desta vez, fazia dez dias e ele ainda não havia retornado. Desabafou:

— Eu não sei se devo ir à polícia ou procurá-lo nos hospitais; estou desesperada.

Durante o momento em que ela desabafava, o amigo espiritual que me assistia naquela ocasião informou-me que o rapaz estava bem e que ele sofria de uma aversão pela mãe. Tornava-se necessário apagar certos registros existentes no seu subconsciente. Eu a orientei:

— Não se preocupe, seu filho está bem e vai voltar. Mas é preciso que a senhora colabore com os seus pensamentos. Todos os dias, converse mentalmente com ele; use a sua imaginação para abraçá-lo como se estivesse presente ao diálogo. Diga-lhe que o ama muito. Peça perdão por possíveis erros cometidos em outras vidas contra ele. Use de palavras firmes e sinceras, faça-o sentir que você precisa dele e ele de você.

Passados alguns dias, o rapaz retornou para casa e abraçou-a como nunca o fizera antes. Chorou muito e confessou-lhe que sentia alguma coisa que o distanciava dela. Era um sentimento que não sabia explicar. Sentia uma vontade constante de ficar longe, mas desta vez percebeu que, apesar de tudo, ele deveria aprender a amá-la.

A partir daí, os dois passaram a desfrutar de uma convivência feliz. Todas as noites ela continua praticando a reconciliação mental. Hoje ela sente que passou a amar ainda mais o seu filho.

O problema desta mãe e deste filho é igual a muitos que existem por aí no seio das famílias, cuja solução está nas próprias pessoas envolvidas.

Mães cujos filhos se revelam desde cedo rebeldes, além de corrigi-los energicamente, usem da vossa mente para gravar, no subconsciente deles, as responsabilidades que a própria vida nos impõe e as quais devemos cumprir e respeitar.

No caso de aversão espontânea revelada desde cedo, faça como a nossa irmã que reconquistou seu filho. Trabalhe o amor e o perdão no seu subconsciente.

Podemos enganar o mundo, ludibriar o nosso semelhan-
te, esconder-nos por traz das aparências, mas jamais
conseguiremos enganar, ludibriar ou nos esconder da
nossa consciência...

a super consciência

Muitos poderão objetar se realmente o pensamento tem tanta força a ponto de mudar o ânimo de uma pessoa; entretanto, os fatos falam por si mesmo.

Citei apenas três dos muitos casos que acompanhei e que demonstraram resultados positivos.

De que forma os pensamentos atuaram para reverter esse processo?

Vejamos o caso da moça e das suas vizinhas:

No subconsciente das três moças vizinhas, existiam informações negativas sobre a irmã em questão, provocando uma antipatia espontânea, provavelmente registradas em encarnações passadas. À medida em que a moça orientada foi enviando mentalmente informações sinceras de amizade e de reconciliação, as informações negativas foram gradativamente se alterando, até que se reverteram, transformando a antipatia em um sentimento de simpatia. O mesmo processo se repetiu em todos os casos que acompanhamos.

Essa técnica é muito usada pelos benfeitores espirituais quando querem nos ajudar. Sugerem pensamentos e ideias através de gravações mentais enviadas ao nosso subconsciente, as quais, em momento oportuno, assomam para o consciente de forma intuitiva.

Geralmente o fazem à noite, quando estamos entregues ao sono. Da mesma forma agem os espíritos menos felizes que querem nos prejudicar com pensamentos negativos. Portanto, volto a afirmar:

Quem pensa bem e age bem, vive bem!

Pesquisando há mais de trinta anos os escaninhos do psíquico humano e observando as atividades dos benfeitores espirituais em torno do nosso subconsciente, descobri que ele tem uma importância muito maior na vida das pessoas do que se pode imaginar. É nele que estão inseridos todos os acontecimentos passados e os do futuro que ainda vamos viver. É através dele que somos levados a estar exatamente no lugar certo, na hora certa e com as pessoas certas, a fim de atender às nossas necessidades evolutivas (veja mais informações sobre esse tema, no livro *Terceiro Milênio - As crianças Voltarão a Brincar*, do mesmo autor).

É ainda nele que estão gravados os nossos merecimentos e os nossos impedimentos, levando-nos a agir quase que automaticamente em direção das provações e experiências necessárias ao nosso crescimento.

É o nosso cordão umbilical ligando-nos ao Criador! É também através dele que acessamos a Suprema Inteligência que atua no universo cósmico de onde podemos subtrair valiosos conhecimentos de forma intuitiva.

O consciente se restringe apenas ao presente. O subconsciente, além de abranger o presente, abrange o passado e o futuro! Na verdade, somando-se ao consciente, ele se transforma no nosso super consciente!

Nada escapa a esse fiscal implacável das nossas vidas. A tudo registra, transformando em cliches etéreos que compõem nosso campo magnético ou campo de equilíbrio. É nesse escaninho maravilhoso da nossa mente que Deus está presente com o Seu amor, com a Sua justiça e com a Sua misericórdia. Através dele, tudo sabe a nosso respeito.

Hoje, assumir atitudes renovadas e seguir as pegadas do Mestre, não é mais apenas uma atitude religiosa, mas sim, uma atitude inteligente!

Só a renovação constante dos nossos sentimentos é que pode alterar as gravações registradas no nosso subconsciente e, consequentemente, alterar nosso presente imediato e o nosso futuro distante.

Acreditar no perdão de Deus, sem a reparação dos nossos erros, é uma maneira infantil de avaliarmos a Sua grandeza.

O perdão de Deus está presente a cada encarnação que Ele nos concede, para reavaliarmos nossas atitudes e gozarmos da valiosa oportunidade de recomeçarmos onde paramos, ou reconstruirmos o que, impensadamente, destruímos no passado.

Deus nos perdoa sempre! Nós é que ainda não aprendemos a nos perdoar.

Quando reencarnamos, trazemos as marcas das encarnações anteriores fortemente gravadas no nosso subconsciente. Muitas delas se configuram como um profundo sentimento de culpa em acentuado remorso pelos erros cometidos. Nesses casos, sem perceber, inconscientemente, passamos a nos punir durante toda a nossa vida, submetendo-nos a períodos de enfermidade, depressão, angústia e toda uma gama de sofrimentos.

Muitas das doenças congênitas como paralisias, mudez e outras deficiências, quase sempre têm aí as suas origens, inclusive alguns casos de câncer que se manifestam ao longo da existência física.

É ainda, nesse processo, que surgem o estigma e a zoantropia.

A grande maioria dos casos de estigma da paixão da cruz, onde o encarnado apresenta no corpo as cicatrizes ou as feridas provocadas pelos cravos e espinhos, usados na crucificação, são espíritos que, de alguma forma, exploraram ou cometeram crimes em nome do Cristo. Reencarnados, com o subconsciente carregado de um profundo sentimento de culpa, passam a se autopunir, impondo a sí, o sofrimento daquele de quem se consideram traidores. Muitas das pessoas que sofrem ou sofreram, o estigma, foram ou são, consideradas, indevidamente, como paranormais ou místicos, talvez, por não existir uma explicação científica para o fenômeno. Muitas vezes, envolvidos pela ignorância, pelo fanatismo do povo e pelos Espíritos que se comprazem com o seu sofrimento, acreditam-se missíonários da redenção humana.

Os casos de zoantropia entre os encarnados são raros, mas no mundo espiritual são muito comuns. O Espírito, tomado por um remorso profundo, assume a forma de um animal, cujas características, lembram os crimes que cometeu.

Por exemplo: os traidores; sentem-se como serpentes, os que violentavam cadáveres; sentem-se como abutres e etc., (veja mais informações sobre esse tema, no livro *Um Roqueiro no Além*, do mesmo autor.)

A autopunição faz parte do processo evolutivo, por isso, em alguns casos, Jesus, no ato de curar os enfermos, afirmava: "Teus pecados te são perdoados". Aqueles que acreditaram que realmente estavam sendo perdoados, libertaram-se da autopunição que haviam imposto a si mesmos e, consequentemente, se curaram. Por isso, Jesus acrescentava: "A tua fé te curou".

Ainda hoje observamos esse processo se repetindo nas curas realizadas pelas religiões, principalmente nas mais fanáticas.

Através do alto poder de persuasão, característica das seitas fanáticas, o enfermo é induzido a acreditar que, diante do batismo ou do ritual proposto pela religião, ele será perdoado dos seus pecados, após se submeter ao batismo ou ao ritual e, realmente, sentir-se perdoado; automaticamente deixará de punir-se e, em alguns casos, acabará recuperando a saúde.

Esta é apenas uma das muitas causas das enfermidades que atingem o ser humano; existem outras que obedecem as leis de causa e efeito e que não podem ser curadas através desse processo. Jesus o aplicava, somente nos casos característicos de autopunição.

Deus não julga e nem condena ninguém; somos o nosso próprio juiz e carrasco. À medida que, a cada encarnação, aprimoramos o nosso senso de justiça, mais exigentes nos tornamos quanto ao cumprimento da lei em nós mesmos. Entretanto, se, da mesma forma que aprimoramos o nosso senso de justiça, ampliamos o nosso amor, deixamos de nos punir com o sofrimento e passamos a usar a caridade e o amor ao próximo para cobrir a multidão dos nossos pecados.

O perdão é a caridade por excelência! É a caridade para conosco e para com os outros. É realmente o caminho para a nossa felicidade. Muitas vezes, quando faltamos com o perdão, condenamo-nos a sofrimentos desnecessários e que poderiam ser evitados.

Embora o nosso consciente não registre o processo autopunitivo existente em nosso subconsciente, podemos exercer um trabalho consciente a fim de nos libertarmos desse processo altamente negativo. Deus não quer seus filhos entregues a um remorso excessivo tornando-os improdutivos, mas sim, ativos, buscando nas realizões louváveis o equilíbrio da própria consciência.

A autopunição se acentua no período noturno, quando deixamos nosso corpo entregue ao devido descanço e assumimos temporariamente nossa super consciência. Entretanto, se durante o período de vigília, exercitamos o autoperdão, essa atitude se refletirá nos momentos em que retomamos a super consciência, amenizando o rigor da autocondenação. Porém, embora exercitemos o autoperdão, nenhum resultado alcançaremos se ainda alimentamos alguma mágoa por alguém, mas quando, mesmo sem exercitarmos o autoperdão, conseguimos perdoar aqueles que nos magoaram e fizermos do perdão uma constante em nossas atitudes, automaticamente, estaremos caminhando em direção ao perdão de nós mesmos. Por isso mesmo, insistimos em afirmar que o perdão é o caminho para a nossa felicidade.

*Reconciliai-vos com o vosso irmão enquanto estais a cami-
nho. Senão, ele te apresentará ao juiz e este te meterá em
prisão e só sairás dali quando pagardes até o último ceitil...*

Capítulo 8

as consequências
da falta do perdão

Certa vez, um jovem procurou-me e expôs o problema que o seu sogro estava vivendo. Era um caso interessante, cujas causas foram criadas nesta vida.

Contou-me:

— Meu sogro é português. Antes de vir para o Brasil, aconteceu um fato que transtornou a sua vida. Ele tinha um vizinho com o qual tinha uma intriga muito antiga. Um dia, os dois exaltados se agrediram fisicamente. Meu sogro desferiu-lhe um golpe com o cabo de um chicote e decepou-lhe uma orelha. O amigo foi hospitalizado. Depois de recuperado, moveu uma ação criminal contra o meu sogro que o condenou a cinco anos de cadeia. Depois de cumprir três anos, foi beneficiado pela lei e foi posto em liberdade. Seu ódio era tanto que resolveu vir para o Brasil para não matar o vizinho.

Hoje ele está aposentado e vive comigo. Todos os dias, quando chega da rua um tanto embriagado, entra no banheiro e ali eu o escuto falando como se estivesse vendo o vizinho lá de Portugal que morreu já faz algum tempo. Percebo que responde a alguma ameaça, pois ele afirma todas as vezes:

— Eu não tenho medo de você. Você está morto e vai continuar no inferno.

Minha esposa está preocupada. O que podemos fazer para ajudá-lo?

Fundamentado na experiência adquirida nos trabalhos da desobesessão, orientei-lhe:

— Neste caso, percebemos que o desafeto do seu sogro pretende uma vingança contra ele. Fica difícil intercedermos em favor de ambos, pois nenhum deles demonstra uma tendência ao perdão. Eu não posso exigir que esse Espírito venha até nós para convencê-lo a perdoar seu sogro. Se pelo menos um dos envolvidos solicitasse a ajuda de que necessita, poderíamos colaborar na reconciliação necessária. O máximo que podemos fazer é orar em benefício deles.

Depois de muitos anos, encontrei o jovem em uma agência bancária e ouvi a narrativa dos acontecimentos:

— O senhor não imagina o que aconteceu! Um dia, meu sogro estava caminhando na beirada da calçada de uma via expressa e estreita, um ônibus passou raspando no meio fio e decepou-lhe uma orelha. O senhor acredita que foi o Espírito que se vingou?

— É bem provável, as próprias circunstâncias estão indicando. E agora ele está melhor?

— Ele continua falando no banheiro, só que agora a conversa é diferente, ele afirma com tal veemência que chega a gritar:

— Jamais vou lhe perdoar! Quero que queime no inferno!

Diante dos fatos, percebe-se claramente que o Espírito, depois de ter se vingado, despertou da ignorância em que vivia e, para reabilitar-se, necessitava do perdão da vítima sobre a qual perpetrou a vingança. Realmente, o corpo é a prisão da qual se referiu Jesus. Nele, pagamos nossos débitos até o último ceitil, sofrendo as represálias de nossas vítimas, ou submetendo-nos às leis de causa e efeito.

Pela falta do perdão, dramas como esse, muitas vezes, arrastam-se por longos séculos de sofrimentos no mundo espiritual e, por encarnações sucessivas onde terão que se reencontrar até que consigam vencer o ódio, transformando-o em perdão e amor.

Em alguns casos, a Espíritos como estes, cujo ódio se perpetua ao longo das encarnações futuras, em dado momento, é possível que a providência divina, agindo em favor de ambos, promova uma reecarnação compulsória na condição de xipófagos inseparáveis, a fim de que, vivam uma vida sem se agredirem mutuamente, como ocorreu e ainda ocorre em muitos casos bastante conhecidos no mundo inteiro.

Zaqueu, ao receber a visita do Mestre, arrependido e tocado nos refolhos da alma, reconheceu seus erros e se prontificou a repará-los em dobro a quem quer que tivesse prejudicado.

Assim somos nós quando estamos no mundo espiritual! Arrependidos e tocados nos refolhos da alma diante da realidade que nos assombra, à semelhança de Zaqueu, prontifi-camo-nos a reencarnarmos e reparar os danos que causamos ao próximo. Quase sempre, rogamos a Deus que nos permita trazê-los ao convívio do nosso lar, ligados pelos laços consanguíneos, a fim de facilitar nossa árdua tarefa...

o perdão em família

Quando o ambiente doméstico, à conta de pesados compromisso morais, surgir frustrando os seus anseios sinceros de felicidade, não o abandone, persevere um tanto mais, pois tudo na vida tende a se transformar.

Enquanto não conseguir ser compreendido por quantos se acham ligados a você pelos laços consanguíneos, empregue a compreensão e a paciência necessárias para a manutenção da paz que deseja.

Lembre-se, o irmão difícil provavelmente é o desafeto de ontem que ressurge hoje, à conta de credor lesado, reclamando o ajuste dos nossos débitos.

O cônjuge intransigente quase sempre traz no subconsciente as marcas da incúria com que o ferimos em pretérito distante, transformando o lar de hoje em um verdadeiro laboratório de aprimoramento moral.

Por mais difícil que seja a convivência no lar, não tome atitudes precipitadas.

Arme-se de um tanto mais de paciência e procure no companheiro ou na companheira as qualidades e não apenas os defeitos. Não desdenhe da sabedoria de Deus que colocou vocês juntos para a construção da vossa felicidade.

Cumpra a sua parte. Mude as suas atitudes e pensamentos antes de exigir a mudança dos outros que convivem com você. Ninguém se descarta de uma convivência necessária sem auferir para si, compromissos ainda mais graves do que aqueles que está vivendo hoje.

Não destrua o lar à conta de interesses egoístas e mundanos. Lembre-se, aqueles que a vida trouxe para junto de nós, os quais muitas vezes não toleramos a presença, não os ajudamos e não aprendemos a amá-los, amanhã, retornarão para junto de nós, impondo-nos condições ainda mais aflitivas.

É assim que uma esposa hoje desprezada poderá retornar amanhã na condição de uma filha problema, obrigando-nos a um sacrifício ainda maior.

Quantos esposos traídos e abandonados no passado estão hoje reencarnados como filhos das esposas infelizes de outrora, cobrando-lhes caro a insensatez da traição e do abandono.

A essas mães e pais, facilmente identificados pela relação difícil com seus filhos, aconselho que façam as mentalizações de reconciliação, ajudando a apagar, do subconsciente dos seus filhos, as imagens negativas registradas no passado.

O lar é o santuário onde devemos construir os alicerces da nossa felicidade. O tributo a pagar é a renúncia e o perdão. Sem pagarmos esse tributo, jamais consolidaremos nossa felicidade.

Antes de bater no peito e gritar pelos seus direitos, observe se está cumprindo as suas obrigações. Não falo das obrigações do pão e do teto, mas das obrigações morais para com a sua esposa ou esposo e para com os seus filhos. Está dando a eles o exemplo de fidelidade, de amor e de compreensão? Já consegue deixar do lado de fora da porta o mau humor e os problemas que não dizem respeito a sua família? Faça a si mesmo estas perguntas e analise profundamente. Fazendo isso, estará se aproximando do auto conhecimento que levará você a encontrar o caminho da felicidade, se é o que deseja realmente.

Eu vivi uma experiência que me permite falar com propriedade sobre esse assunto:

Estava casado há dois anos. Tinha um filho com um ano e três meses e outro com dois meses e alguns dias.

Certa manhã, ao levantar-me para ir ao trabalho, olhei no berço do meu filhinho de dois meses e, com uma dor imensa no coração percebi que estava morto. Depois do choque que tivemos eu e minha esposa, fizemos os preparativos para o funeral. No momento em que o seu corpinho estava sobre a mesa, minha mãe viu o Espírito de uma mulher aproximar-se dele, rindo as gargalhadas. A partir desse dia minha vida se transformou. Minha mulher que nunca fora agressiva, passou a maltratar-me. Os meus negócios começaram a regredir de tal forma que durante o período de oito meses, não consegui sequer pagar o aluguel da casa onde morava. Todos os meus planos pareciam ir por água abaixo, até o alimento ameaçava faltar. Nesse clima difícil, tivemos mais um filho.

O tempo passou...

Com muita luta, consegui equilibrar-me financeiramente, mas o trato com minha mulher piorou, meu primeiro filho que contava quase três anos de idade, afirmava ver uma mulher andando pela nossa casa.

Certo dia, quando retornava do trabalho, sem qualquer motivo, minha esposa tentou agredir-me. Sabendo do que se tratava, mantive a calma. Abri meus braços e orei com fé. Imediatamente ela caiu no chão, logo percebi tratar-se do Espírito que minha mãe e meu filho haviam visto. Com palavras

amigas, tentei convencê-la a abandonar tal persegui-
ção, porém, seu ódio por mim era tanto que gritava:

— Maldito... Vou acabar com você!

Essa cena se repetiu durante quatro anos,
duas ou três vezes por semana, e a cada investida eu
lhe dava o que havia de melhor em mim, tratando-
a com respeito e carinho. Graças ao conhecimento
Espírita, eu sabia que algum mal havia feito para
aquela irmã, em outra vida.

Eram os últimos dias de junho de 1972. Pela
manhã estávamos conversando, eu, minha esposa e
meu cunhado, quando a nossa irmã incorporou novamente. Chorava muito. Comovido eu chorei também.
Senti que naquele momento havia conquistado o seu
perdão. Conversamos em prantos, e quando partiu,
prometeu não mais nos molestar. Logo em seguida
meu cunhado incorporou um Espírito que não revelou seu nome, mas disse-nos o seguinte:

— Meu irmão, Deus concedeu à vocês a oportunidade de transformar esse ódio em amor. Nossa
irmã renascerá como vossa filha, preparem o berço,
virá na figura de uma linda menina de olhos claros.
Esta é a prova que vos dou.

Realmente! Em pouco tempo minha mulher
concebeu, e em abril de 1973, nasceu minha filha,
uma linda menina de olhos claros! Foi uma grande

prova, principalmente para minha esposa que ainda tinha algumas dúvidas com relação à vida eterna. Graças às experiências vividas com minha mãe, o fato veio apenas confirmar a fé que cultivo desde criança, sem a qual, meu lar teria desmoronado.

A prova maior veio depois...

Devido ao ódio que a irmã sentia por mim, e que em tão pouco tempo não poderia ser apagado do seu subconsciente, durante a gravidez, minha mulher sentia-se influenciada por ela a ponto de sentir aversão por mim.

Durante os nove meses de gravidez, meu relacionamento com minha esposa foi muito difícil, precisei de muita paciência para superar.

Depois que nasceu, quando tinha alguns meses de idade eu não podia tocá-la. Ao pegá-la no colo, imediatamente punha-se aos gritos como se estivesse sentindo dores, bastava entregá-la a alguém, prontamente se acalmava.

Até os três anos de idade tivemos uma relação muito difícil. Sempre me olhava com reserva e raramente respondia às minhas perguntas. Brincava e sorria com todos menos comigo.

Não fora meu conhecimento espírita, talvez essa aversão tivesse se perpetuado até hoje. Cheguei em alguns momentos a pensar em desistir de conquistá-la, minha dor era muito grande, por mais que eu tentasse aproximar-me, ela rejeitava-me rudemente.

Apesar de tudo, continuei insistindo, até que finalmente consegui conquistá-la. Um dia, ao chegar em casa, estava brincando no jardim, olhei para ela e ao contrário do que sempre fazia que era correr para junto da mãe, correu para mim e, abraçando-me, beijou-me pela primeira vez. Chorei emocionado. Hoje, nos amamos muito!

"E tendo orado, tremeu o lugar onde estavam reunidos."

*A prece é um recurso do Espírito ainda pouco compreendi-
do. Sua ação está fundamentada no vigor e na fé de quem
a realiza. Seus efeitos não acontecem de fora para dentro;
é a concentração da força existente em nós mesmos e que
atua como catalizador de uma energia ainda maior que
provém de Deus. Quando atingimos o clímax da concentração da nossa vontade e da nossa fé, no momento em que
a realizamos, seus efeitos podem ser imediatos...*

Capítulo 10

a prece gerando recursos

Se você sentiu finalmente que é preciso mudar, já realizou um importante avanço na direção da felicidade. Entretanto, deve entender que a luta é ferrenha; não conte com as facilidades, porque elas não existem. É preciso muita força de vontade.

Quando nos propomos finalmente à construção do bem verdadeiro, enfrentamos uma maratona de obstáculos; o primeiro, e talvez o maior de todos, reside em nós mesmos.

Acostumados às extravagâncias dos sentidos durante séculos de sombras, vemo-nos portadores de tendências inferiores que antes não percebíamos, mas que agora nos obrigam a uma luta sem tréguas no campo íntimo dos nossos sentimentos.

São pontos nevrálgicos que se transformam em nosso "calcanhar de Aquiles", tornando-nos vulneráveis à influência das sombras. Não obstante tal dificuldade, surge ainda, no campo das atividades terrestres, velhos adversários aos quais nos vinculamos por vigorosos laços que obedecem às leis de causa e efeito, obrigando-nos a uma convivência difícil e retificadora, onde podemos exercitar as virtudes que precisamos desenvolver.

Conscientes dessa luta que devemos enfrentar, armemo-nos para o bom combate, tomando como armas a caridade, a humildade, a renúncia e o perdão.

A prece nascida de uma vontade vigorosa e sincera será sempre uma aliada de valor incalculável.

Certa vez, em nossa residência, minha esposa atendeu a um telefonema estranho. Era de um hospital psiquiátrico. Estava nos avisando que uma determinada paciente, ali internada, estava de alta há mais de três dias. O interessante é que nós não conhecíamos ninguém que estivesse internado. Muito menos com o nome que constava da alta. Mesmo assim, minha esposa pediu o endereço da paciente; se fosse próximo da nossa residência, iríamos informar os parentes. O endereço era de um bairro próximo e a rua desconhecida. No dia seguinte, procurei localizar a rua e fui até lá. Atendeu-me uma senhora de maneira muito tímida, limitou-se em abrir apenas o postigo da porta. Quis saber como que eu obtive tal informação. Expliquei-lhe que haviam telefonado para a nossa casa. Senti que ela ficara confusa, então despedi-me e disse-lhe que retornaria no dia seguinte para inteirar-me dos fatos.

No dia seguinte, retornei. Desta vez fez-me entrar. Conheci a moça que estava internada. Foi ela quem começou a falar:

— Eu não sei de onde a recepcionista do hospital tirou o seu telefone. Só sei que eu estava desesperada, querendo voltar para casa e não tinha como avisar minha mãe. Ela só iria saber da minha alta no dia da visita, depois de cinco dias. Então, chorei muito e comecei a rezar pedindo a Deus uma forma de avisá-la de que eu estava com alta. Acho que Deus ouviu minhas preces.

Enquanto ela falava, observei que havia três malas grandes prontas para uma viagem; então, perguntei:

—Vocês vão viajar?

A mãe respondeu:

—Vamos! Estamos deixando a minha outra filha!

— E por quê? – perguntei.

A filha respondeu:

— Eu estava internada por causa dela. Ela transformou a nossa vida em um inferno. Chegou até a ameaçar-nos com uma faca. Largou o emprego e agora vive para nos infernizar.

A mãe acrescentou:

— Ela é muito inteligente! Tinha um emprego muito bom, ganhava bem, era gerente de uma loja grande. Agora, só sabe gastar; o pouco que ganho da pensão do meu marido falecido, mal dá para as nossas despesas.

Enquanto ouvia as duas atentamente, senti um amigo espiritual se aproximar e dizer-me que elas não deveriam partir e que deveríamos ajudá-las. Encorajado pelo apoio recebido, orientei com firmeza:

— Vocês não podem abandoná-la! Este é o momento oportuno para vocês ajudarem-na. Não foi à toa que vim parar aqui. Algum amigo espiritual usou o telefone para nos aproximar. Aconselho-as a que desfaçam as vossas malas e, hoje mesmo à noite, dirijam-se ao Centro Espírita onde trabalho. Vamos confiar na providência divina.

Diante das circunstâncias, aceitaram o convite.

À noite, fizeram-se presentes. Durante os trabalhos da desobesessão, manifestou-se um Espírito ligado ao processo que envolvia a família. Estava calmo, já havia sido orientado espiritualmente, chorou muito, acabara de emergir da ignorância em que se encontrava. Pediu perdão e se retirou. Conversando com a mãe e a irmã, orientei-as dizendo que agora faltava elas se perdoarem mutuamente e que deveriam continuar frequentando os trabalhos e exercitando as mentalizações de reconciliação.

Depois disso, em pouco tempo, tudo se transformou naquela casa; a moça recuperou o emprego e se transformou no arrimo econômico do lar.

Todos os benefícios que essa família recebeu nasceram de uma prece vigorosa e sincera realizada com fé em um momento de dificuldade. Consequentemente, vimos mais uma vez a força do perdão, alterando destinos e transformando a dor e o sofrimento em alegria, amor e paz!

Quando nos inteiramos das leis de causa e efeito e passamos a compreender que tudo obedece a leis sábias e justas, tendemos a desprezar o hábito da oração e entregamos tudo nas mãos de Deus.

É um equívoco muito grave, pois é através da prece que conversamos com o nosso Pai eterno, assim como fazia Jesus, quando se retirava para meditar e orar.

Certa vez, uma jovem senhora nos procurou, demonstrando muito sofrimento; seu marido tornara-se alcoólatra e deixara de trabalhar. O único recurso que ela dispunha para continuar se sustentando e à filha e ao marido era um quarto e cozinha que ela possuía nos fundos da casa e que poderia alugar, mas faltavam os acabamentos para poder fazê-lo.

Na época, o Centro dispunha de alguns recursos. Depois de verificarmos a veracidade dos fatos relatados, resolvemos ajudá-la. Assim o fizemos.

Depois de alguns meses, alugou o quarto e cozinha e começou a trabalhar em casa como manicure. Seu esposo, logo em seguida, desencarnou. Em pouco, tempo, sua vida normalizou-se. Com o coração cheio de gratidão, começou a participar das reuniões no Centro.

Certa ocasião, em uma reunião de confraternização dos trabalhadores, ela agradeceu a todos e deu um depoimento interessante:

"— Antes de eu vir a esta casa, estava vivendo uma situação muito aflitiva. Cheguei a sair para as ruas desorientada, sem saber para onde ir. Meu marido estava entregue à bebida e já não raciocinava direito; minha filha estava sem roupas e quase sem alimento. Em uma das noites em que o meu sofrimento era maior que as minhas forças e a ideia do suicídio povoava a minha mente com pensamentos terríveis, chorando, orei a Deus, pedi com todas as forças do meu coração para que Ele apontasse um caminho por onde eu deveria seguir. Logo depois, adormeci e sonhei...

Um Espírito apareceu, pegou na minha mão e levou-me para fora de casa; sorrindo, conduziu-me pelas ruas do bairro até chegar em frente a uma casa. Apontando para a porta, afirmou:

— As pessoas que vivem aqui vão ajudá-la! Bata na porta!

— Dizendo isso, desapareceu e eu acordei. No dia seguinte, saí pelas ruas tentando localizar a casa que ele havia me apontado, mas não consegui achá-la.

Depois de dois dias consecutivos de procura, saí para fazer a última tentativa.

Estava quase desistindo quando, ao passar nesta rua, me surpreendi bem em frente à casa que havia visto no sonho.

Era esta casa onde estamos agora. Não contei antes porque pensei que vocês não iam acreditar na minha história, supondo que fora inventada por mim para induzi-los a ajudar-me."

Poderia relatar aqui uma centena de fatos que comprovaram a eficácia da prece quando realizada com um profundo sentimento de fé e que promoveram até o movimento e transporte de objetos.

Porém, a finalidade com que abordamos a prece neste livro é para demonstrar o quanto ela é importante como auxiliar no exercício da transformação dos nossos sentimentos.

"Mas evita os falatórios profanos, porque produzirão maior impiedade."

Paulo, nesta assertiva, demonstra profundo conhecimento sobre a força das palavras.

Realmente, o falatório maligno tem imenso poder de destruição tal qual as enfermidades graves que assolam a humanidade. Alastra-se como as epidemias, ceifando e comprometendo vidas e destinos...

palavras gerando ódio

As palavras que proferimos têm um efeito muito grande em nossas vidas.

Muitas vezes, através de uma palavra impensada, criamos para o futuro aborrecimentos indesejáveis e acabamos por estabelecer, em alguns corações, um sentimento de mágoa e até de ódio que pode se transformar em pensamentos negativos, atuando contra a nossa felicidade.

Mesmo quando estamos apoiados na razão e na verdade, precisamos medir nossas palavras. A verdade não existe para destruir, mas sim, para esclarecer. Quantas pessoas, por se afirmarem verdadeiras, usam das palavras para massacrar e ferir, semeando à sua volta humilhação e sofrimento. Com essa atitude, acabam se tornando vítimas de agressões mentais que podem perdurar durante toda uma vida, gerando graves problemas.

Na página 33 do livro *Nosso Lar* psicografado por Chico Xavier, ditado pelo Espírito André Luiz, o qual, depois de reclamar de ter sido considerado um suicida, recebeu do benfeitor, entre outros, o seguinte esclarecimento: " A moléstia talvez não assumisse características tão graves, se o seu procedimento mental no planeta estivesse enquadrado nos princípios da fraternidade e da temperança. Entretanto, seu modo especial de conviver, muitas vezes exasperado e sombrio, captava destruidoras vibrações naqueles que o ouviam. Nunca imaginou que a cólera fosse manancial de forças negativas para nós mesmos? A ausência de autodomínio, a inadvertência no trato com os semelhantes, aos quais muitas vezes ofendeu sem refletir, conduziam-no frequentemente à esfera dos seres doentes e inferiores. Tal circunstância agravou, de muito, o seu estado físico."

A palavra, por si só, é apenas meio de comunicação. Os sentimentos com que a revestimos é que lhe dão o poder de esclarecer e consolar ou magoar e ferir.

Dependendo da inflexão que damos às nossas palavras, elas podem gerar um destino que não desejamos.

Jesus, conhecedor profundo dos sentimentos humanos, sabendo da força das palavras, afirmou:

"Que as tuas palavras sejam sim sim, não não!".

Certa ocasião, fui procurado por uma senhora que sofria de um mal na coluna vertebral. Vez ou outra ficava travada sem poder se movimentar. Percebi que era vítima de uma poderosa obsessão por parte de um Espírito desencarnado. Aconselhei-a a participar das nossas reuniões. Assim o fez. Frequentou a nossa casa durante muito tempo e depois sumiu.

Passados quase dez anos, eu a encontrei num supermercado. Quando me viu, veio em minha direção, comprimentou-me e travamos um diálogo:

— Como vai a senhora? – perguntei.

— Estou bem! Eu mudei para o interior e fiquei dez anos fora de São Paulo.

— A senhora melhorou do problema da coluna?

— Estou ótima! Mas mesmo se eu não tivesse sarado da coluna eu estaria feliz do mesmo jeito. Graças ao senhor, curei-me de uma doença muito pior!

Curioso, perguntei-lhe:

— E que doença era essa?

— Minha língua! Graças a Deus, agora consigo controlar a minha língua que muito me fez sofrer. Criei muitos inimigos, os quais passaram a odiar-me. Depois que eu passei a assistir as palestras do senhor, os ensinamentos foram ficando gravados em minha mente de tal forma que, toda vez que eu era tentada a falar o que não devia, eles surgiam na minha mente e eu conseguia calar-me. Orei muito, pedindo perdão às pessoas que foram vítimas das minhas palavras impensadas. Hoje vivo bem com toda a minha família, com os vizinhos e com todos com quem me relaciono. Descobri, em mim, as verdades que o senhor ensina; eu era vítima das minhas próprias palavras.

Nossa irmã é um exemplo claro da importância das palavras em nossas vidas. Esse é um mal do nosso comportamento e dos mais difíceis de nos libertarmos. Quase sempre falamos mais do que o necessário.

É preciso muita perseverança para vencer esse mal. Aconselho às pessoas que ainda têm dificuldade no controle das palavras a praticarem um exercício mental, com afirmações que possam ajudá-las a estarem atentas a essa fraqueza.

As afirmações que eu transcrevo abaixo estão contidas no livro *Abrindo Caminhos* de minha autoria e que é um verdadeiro receituário para a felicidade:

A palavra é poder criativo! Tanto pode criar o bem como o mal!

Eu controlo minhas palavras! Sei quando devo falar ou calar!

Da minha boca não sai nenhum mal ou calúnia!
Falo somente o necessário!
Sei quando dizer sim ou dizer não!

Nada pode me obrigar a falar o que eu não desejo!
Quando essas palavras são afirmadas e carregadas com sentimentos sinceros e uma firme vontade de renovação, elas vão gravando no nosso subconsciente uma advertência a respeito do perigo existente na aplicação indevida das palavras. Com esse exercício, acabamos incorporando-as como diretriz do nosso comportamento, surpreendendo-nos no futuro, com atitudes renovadas e mais previdentes, com relação ao uso das palavras.

No fato narrado, percebemos que a nossa irmã assimilou, no seu subconsciente, as advertências ouvidas através das palestras, as quais ajudaram-na a corrigir-se. O mesmo ocorrerá no exercício constante da autoafirmação.

Na verdade, esse processo de autoajuda nada mais é do que uma autoconscientização. Jamais conseguiremos vencer uma fraqueza, se não a reconhecemos em nós.

"Atire a primeira pedra quem não tiver pecado."

Quando Jesus desafiou a turba perante a adúltera, deixou claro o porquê jamais devemos condenar quem quer que seja. Todos somos passíveis de cometer erros no curso da nossa evolução. É experimentando entre erros e acertos que chegaremos um dia à perfeição; enquanto isso, aprendamos a perdoar-nos uns aos outros...

exercitando o perdão

Perdoar é menos difícil do que pedir perdão. Para perdoar basta um pouco de compreensão, mas para se pedir perdão é preciso uma dose muito grande de humildade. Reconhecer o erro, desculpar-se e repará-lo é uma das atitudes mais nobres do ser humano. Alguns acreditam que agir dessa forma é rebaixar-se. Entretanto, esse pensamento só prevalece na mente das pessoas vítimas do orgulho e da vaidade.

Aqueles que têm a coragem de retratar-se, experimentam um bem estar tão grande que, por si só, vale por todo o esforço empreendido.

Experimente! Se você algum dia ofendeu ou desprezou alguém, deite-se num lugar confortável e, se puder, coloque no aparelho de som uma música orquestrada ou a que você mais gosta de ouvir, relaxe e converse mentalmente com essa pessoa, imaginando-a na sua presença. Use estas palavras que foram extraídas de uma mensagem do livro *Pedaço de Estrela* ditado a mim por diversos Espíritos e editado pela SpeedArt Editora, as quais transcrevo a seguir:

Perdoa-me, se na minha ignorância feri você. Talvez eu tenha sido um crítico muito severo, detendo-me apenas na observação dos seus erros e falhas, esquecendo das enormes qualidades que você possui. Tive olhos para ver o argueiro em você, sem perceber a trave empanando-me a visão. Reconheço em mim algumas das fraquezas que encontrei em você, portanto, jamais poderia ter atirado a primeira pedra.

Compreendo, agora, que todos estamos matriculados na escola da vida, na condição de eternos aprendizes e que somos passíveis de erros e falhas, por isso mesmo lhe peço, perdoa-me. A partir de hoje reconheço-lhe, alma querida do meu coração.

Talvez você ainda não consiga perdoar-me e, com razão, mas tenho a certeza de que o Advogado Divino vai absolver-me, porque nestas palavras coloquei toda a força do meu coração arrependido.

Guarde a certeza, alma querida, nas minhas preces lhe envolvo com especial carinho e, quando não puder exaltar suas qualidades, saberei calar as fraquezas que você e todos nós ainda possuímos e que só o tempo poderá apagá-las em nós.

Sonho um dia poder abraçar-lhe e, no clima do entendimento fraterno, lavar as nossas diferenças com as lágrimas do perdão.

Rogo a Deus que você encontre a paz e a felicidade que deseja, assim como, nesta atitude, encontrei a paz e a felicidade que tanto necessitava.

Segunda Parte

reflexões sobre a vida e a fé

"Louco, esta noite pedirão a tua alma."

Quantos concentram suas vidas na preocupação de acumular bens que, na maioria dos casos, nem sequer vão desfrutar. Como disse Jesus, passam pela vida como loucos. Estão mortos muito antes de descerem à sepultura e, o pior, continuam mortos além da morte...

os verdadeiros mortos

Os orgulhosos, os prepotentes e os vaidosos de seus títulos, os quais consideram a humildade, o perdão e a fé como artifícios usados pelos fracos, são, na verdade, os cegos do caminho, cujo aprendizado na Terra se restringe a um mínimo de aproveitamento espiritual.

Cultivam outros valores que nada significam perante o verdadeiro sentido da vida. Nada compreendem, senão o que os olhos físicos podem enxergar. Vêem e não enxergam, ouvem, mas não compreendem.

Transitam no mundo das aparências, atendendo aos instintos muito mais do que aos sentimentos. São os mortos aos quais se referiu Jesus, ao afirmar: "Deixai aos mortos os cuidados de enterrar os seus mortos".

Essa é a verdadeira morte, e não a da sepultura. Morrem no corpo e continuam mortos no mundo espiritual, buscando os mesmos valores e as mesmas ilusões.

Vou transcrever um acontecimento como muitos dos que acontecem com os Espíritos apegados aos valores da Terra:

O senhor Antonio era um dos imigrantes dos muitos que vieram para o Brasil no início do século vinte, carregando a tiracolo um baú repleto de sonhos e de esperanças. Objetivo: enriquecer com as oportunidades de trabalho que a nova terra oferecia aos estrangeiros.

Estabelecido às margens de um córrego, na periferia de uma grande cidade, tornou-se um próspero chacareiro. Trabalhou com afinco e acabou conquistando a fortuna com que sonhara.

Com o dinheiro acumulado, tornou-se proprietário de três luxuosas padarias e de uma leiteria. Apesar de tornar-se um rico negociante, dava relativo conforto aos dois filhos e a uma filha. Sua esposa, sempre servil, cumpria fielmente os afazeres de casa, cansada de tanto trabalhar desde o tempo da chácara; pleiteava do esposo a possibilidade de contratar uma empregada para ajudá-la. Antonio se negava, justificando que era preciso economizar.

Apesar da possibilidade de colocar seus filhos nas melhores faculdades particulares, usou das amizades que conquistara e conseguiu matricular seus filhos nas faculdades públicas. Levava uma vida regrada. Administrava seus bens com acentuado resquício de avareza. Apesar disso, raras vezes deixou de comparecer à Igreja para assistir à missa. Ali era estimado por todos. Embora contribuísse para a construção e manutenção da paróquia, nunca se soube que tivesse dado alguma coisa para alguém. Usava constantemente o argumento de que tudo o que possuía fora conquistado à custa de muito suor e trabalho.

Às vistas do mundo, era considerado um cidadão respeitado.

Por ocasião da comemoração do dia de Santo Antonio, a paróquia armou a tradicional quermesse. Entre vinhos e petiscos, Antonio era o grande benfeitor homenageado! Todos afirmavam em cochichos:

— O senhor Antonio é um santo homem! Dizem que ele pagou todos os bancos novos da Igreja.

Cercado pelas lisonjas e pelas atitudes de reverência dos amigos, ao sorver um gole de precioso vinho português, tomba fulminado por um infarto agudo do miocárdio.

Dona Ernestina, sua esposa, depois de superar o choque que o acontecimento acarretou, providenciou seu sepultamento. Há muito o cemitério não via um velório tão concorrido. Nem um tostão foi economizado pela viúva; desde o caixão até a campa foi empregado material de primeira linha.

Os comentários em torno do acontecido exaltavam a figura do homem que se tornara um símbolo de retidão e de trabalho. O padre, em seus sermões, não poupava elogios ao eminente falecido. Constantemente, enumerava os benefícios que a Igreja recebera do ilustre paroquiano.

A viúva, com o terço desgastado pelo suor das mãos, orava quase todos os dias debruçada sobre a rica e bem cuidada sepultura.

Fora do corpo, Antonio não se deu conta do ocorrido. Entretido com os negócios aos quais mantinha preso seu coração, tornando o principal objetivo da sua vida, continuava sua rotina.

Sentado no caixa, como sempre fazia quando estava encarnado, só que agora, sobreposto ao corpo do filho mais velho, o qual não conseguia ver, e que, depois da sua morte, assumira o seu lugar, lá estava ele todos os dias recebendo a conta dos fregueses. Porém, seus fregueses agora eram outros, Espíritos errantes mergulhados na mesma ilusão.

O tempo passou...

Seus filhos casaram-se. Ernestina passou a viver só, no luxuoso casarão que Antonio havia construído não para desfrutar do conforto, mas pelo investimento que representava.

Todas as noites, ao adormecer e deixar o corpo entregue ao descanso, dona Ernestina conversava com Antonio, como se os dois estivessem ainda encarnados. Ele reclamava muito dos negócios que, ao seu ver, não iam muito bem. Não se conformava com os filhos que casaram sem o seu consentimento e dizia que as noras e o genro eram aproveitadores. A esposa, também ignorando a situação, calava-se diante de tais reclamações, limitando-se a ouvi-lo. Sentado à mesa próxima ao cofre, Antonio amanhecia fazendo contas. Demonstrava excessivo nervosismo; o dinheiro parecia escoar-se. Recomendava severamente que a esposa não deixasse os filhos mexer nas suas coisas e que cuidasse de demitir a empregada que haviam contratado para ajudá-la na manutenção da casa, pois esta poderia roubá-los.

Talvez, por misericórdia de Deus, raras vezes a esposa recordava desses encontros fora do corpo. Quando conseguia, eram recordações fragmentadas que lhe causavam um grande mal estar ao retornar ao corpo pela manhã.

Seu filho, ao qual se ajustava fluidicamente, passou a registrar os sintomas do infarto que o pai havia sofrido. Sem que percebesse, estava agindo exatamente como o pai agia quando vivo. Assumira até os seus trejeitos.

Nesse mundo, próprio daqueles que se descuidaram da realidade do Espírito eterno, Antonio, ao ver seus descendentes usufruindo dos valores dos quais se julgava o único com o direito de usufruir e dispor, continuou durante mais de duas décadas participando da vida terrena, influenciando o comportamento do filho e de toda a família, até que a misericórdia divina, em função do profundo estado de ignorância e revolta em que se encontrava e devido ao mal que causava a si mesmo e aos seus, providenciou-lhe uma reencarnação compulsória, situando-o novamente nas experiências terrestres, como filho do neto mais velho.

Antonio é o exemplo típico da mentalidade que predomina numa grande maioria dos encarnados.

São aqueles que batem no peito e afirmam:

— Eu fiz tudo o que um homem deve fazer na vida: criei meus filhos, dei-lhes moradia segura, alimentei-os preparando-os para o mundo. Cumpri o meu dever!

Só que eles não percebem que tudo o que afirmam ter feito, os animais também o fazem, e alguns deles o fazem melhor do que muitos de nós, porque, além de alimentarem e de oferecerem moradia segura aos seus filhos, eles os libertam sem exigir-lhes sequer a gratidão.

Vivemos a era do Espírito! Não podemos continuar vivendo pela metade. Precisamos viver integralmente a nossa verdadeira natureza. Não somos carne! Somos Espíritos eternos e, como tal, precisamos viver.

Agir, pensar e falar como Espíritos eternos é o que mais importa neste século. É preciso desenvolvermos olhos para ver e ouvidos para ouvir. Só assim poderemos dar verdadeiro sentido a nossa existência.

Para o mundo, Antonio era o exemplo de um homem bem sucedido, mas pudemos observar que, fora do corpo, a realidade era outra. As aparências, muitas vezes, levam-nos a um julgamento precipitado sobre todos os pontos de vista.

Ninguém está capacitado a julgar com exatidão quem é quem, mesmo quando os títulos terrenos referenciam a personalidade em questão. O mesmo acontece com os fatos e as ocorrências do cotidiano; nem sempre aquilo que nos parece ser é realmente o que julgamos.

Segundo Sócrates, todas as coisas têm o seu valor conforme quem as observa. Isso é o mesmo que dizer que cada coisa é segundo o entendimento de quem a vê.

É a lei da relatividade. Tudo é relativo ao grau de evolução de cada um. Por exemplo: uma pessoa entra na minha casa e afirma: que sala grande possui a sua casa! Entretanto, outra vem e afirma exatamente o contrário. Isso quer dizer que a dimensão das coisas, os valores, o mal e o bem são atribuídos por quem os vê. Eu posso enxergar o mal em alguma coisa, mas virá outro que enxergará o bem na mesma coisa onde eu enxerguei somente o mal.

Sócrates chegou a essa conclusão porque tinha uma visão ampliada da vida. Não se restringia a observar os fatos, as coisas e as pessoas apenas pela ótica material e física. Suas observações transcendiam a esse plano limitado e abrangia o ser na sua natureza mais profunda. Via e pensava como Espírito eterno.

Analisou tudo com vistas à imortalidade da alma. Na obra de Platão, vemos varias citações de Sócrates diretas ou indiretas se referindo à imortalidade do Espírito e à reencarnação, fato que levou Allan Kardec a elegê-lo como o precursor do Cristianismo e do Espiritismo.

Lembro-me quando um incêndio devorou em suas chamas um edifício em S. Paulo, promovendo a desencarnacão de muitas pessoas. Naquele momento trágico, vi pela televisão o comandante do Corpo de Bombeiros gritar em desespero:

— Onde está Deus neste momento?

Realmente, quem vê somente o lado material e físico de um acontecimento não imagina os benefícios que tal acontecimento está promovendo para muitos dos Espíritos comprometidos com as leis de causa e efeito que, nesse acidente, gozaram da oportunidade de resgatarem a própria consciência atormentada. Mais tarde, soubemos, pela mediunidade de Chico Xavier, que muitos desses Espíritos que deixaram seus corpos nas cinzas desse acidente foram recebidos no mundo espiritual sob cânticos de vitória.

Tomando por base os mesmos princípios e relacionando os acontecimentos do cotidiano com essa condição de Espíritos eternos que somos, os valores dos acontecimentos e das coisas se alteram substancialmente e nem tudo é o que parece e aquilo que, muitas vezes, interpretamos como sofrimento, quase sempre, projeta-nos a um bem muito maior.

Por exemplo:

Quem vê um excepcional preso ao leito de dor e desprovido da faculdade de se manifestar, julgará, ao primeiro instante, tratar-se de uma vida inútil, vegetativa e sem sentido. Muitos, impensadamente, afirmarão: "Seria melhor que se evitassem tais nascimentos." Hoje, com o avanço da Ciência, os profissionais da medicina podem saber se o feto em formação será um excepcional, permitindo aos pais optarem pelo aborto nesses casos. Entretanto, antes que os entusiastas dessa atitude contrária às leis da natureza inflamem seus corações equivocados, seria de bom alvitre questionar quais as condições do Espírito reencarnado nessa situação e por que renascem de forma excepcional.

No intuito de esclarecer, transcrevo, na íntegra, a manifestação de um desses Espíritos que, aproveitando um instante fora do corpo, escreveu, através da minha aptidão mediúnica, uma carta para sua mãe e para todas as mães de excepcionais e que consta do livro *Pedaço de Estrela* de minha autoria.

"Mamãe, num raro momento de felicidade, retomei a consciência e, por alguns instantes, libertei-me do corpo. Livre dos embaraços físicos, pedi a Deus a oportunidade de comunicar-me com você. Sei o quanto sofre ao ver-me no corpo excepcional onde me abrigo como filho do seu coração, por isso, quis falar-lhe:

Saiba, mãezinha querida, antes de receber-me carinhosamente em seu ventre, eu era apenas um náufrago nos mares espirituais do sofrimento. Você foi a praia que me acolheu, devolvendo-me a segurança. Não pense que, se eu tivesse morrido ao nascer, teria sido melhor para nós dois. É um engano cruel! Pois o que mais importa para mim é viver!

O seu amor é a força que pode prolongar-me a vida. O corpo disforme que hoje sustenta-me a existência representa para mim um tesouro de bênçãos onde reeduco o meu Espírito, aprendendo a valorizar a vida que tantas vezes desprezei.

Sei que sofre por eu não poder dar-lhe as alegrias de uma criança sadia, porém, reconforta-me saber que, para as mães como você, Deus reserva as alegrias Celestiais! Ser mãe é missão natural das mulheres. Mas ser mãe de alguém como eu é missão que Deus só entrega a mulheres especiais como você.

Vou retornar ao corpo, assim como a ave retorna ao ninho onde se abriga das tempestades, mas antes rogo a Deus que lhe abençoe, colocando nesta rogativa a força da gratidão de um filho que teve a felicidade de ter um Anjo como Mãe!"

Pudemos observar, através dessa manifestação, que a vida no corpo físico, em qualquer circunstância, é essencial para o Espírito eterno. Mesmo na condição de um excepcional, ela tem como objetivo beneficiar o Espírito reencarnado.

As leis de Deus não foram criadas para punir as criaturas, mas sim para beneficiá-las. Uns poucos anos de vida na condição de um excepcional representa valiosa oportunidade para o Espírito recompor o perispírito danificado em uma atitude tresloucada no pretérito, quando, impensadamente, atentou contra a própria vida ou quando, desvairadamente, entregou-se aos excessos, delapidando as energias perispirituais.

Ao deixar o corpo, um Espírito reencarnado nessas condições vibra de felicidade, pois, junto ao corpo físico que depois da morte retorna ao laboratório da natureza, ele deixa as sequelas nascidas das suas atitudes infelizes cujo remorso o atormentava antes de reencarnar. Com certeza será eternamente grato a Deus e aos pais que o receberam nessas condições.

Ao vermos Antonio, um comerciante bem sucedido, cheio de saúde e observando um Espírito reencarnado na condição de um excepcional, qualquer pessoa desprovida de um conhecimento mais profundo sobre a vida afirmaria que Antonio era o retrato da felicidade e o outro o retrato da desgraça.

Entretanto, pudemos observar que, na verdade, fora do corpo, a realidade era outra: enquanto Antonio, vítima da ganância e da avareza, projetou-se para o sofrimento além da morte, o supostamente desgraçado caminhou para a libertação e para a felicidade!

Vejam quem tem olhos para ver e ouçam quem tem ouvidos para ouvir...

Para muitos, ainda é difícil mudar velhas tradições religiosas sustentadas pelas famílias a cada geração. Porém, ninguém abdica da razão sem sofrer dolorosas decepções, ao defrontar-se com a realidade...

Capítulo 14

tradições

Se alguém vem a mim e não aborrece a seu pai e sua
mãe,... não pode ser meu discípulo. – Lucas, XIV: v. 25

Quando Jesus propôs esta parábola, sabia que, ao pregar o perdão e o amor ao próximo, estaria revolucionando os conceitos cultuados na época, ferindo diretamente uma tradição milenar como o "olho por olho e dente por dente".

Realmente, aqueles que adotaram os ensinamentos do Cristo aborreceram seus pais. Houve muitos conflitos familiares que ocasionaram até a separação de muitos. Temos, como exemplo, o apóstolo Paulo que foi expulso do próprio lar em função da sua conversão ao cristianismo.

Foram verdadeiros heróis da fé que, atendendo à razão e ao bom senso, ousaram afrontar os conceitos e preconceitos equivocados, mantidos por força de uma tradição que, com o advento de Jesus, tornou-se inviável ante a claridade nova e à própria razão.

Dotados de profundo discernimento, contribuíram substancialmente para a consolidação do Evangelho.

Jesus não impôs a ninguém os seus ensinamentos, apenas revelou-os à humanidade carente de novos rumos na condução de seus sentimentos. Os que tiveram olhos para ver e ouvidos para ouvir, seguiram-no.

Da mesma forma, o Espiritismo revela novos conhecimentos e não os impõe a ninguém; aqueles que têm olhos para ver que vejam e aqueles que têm ouvidos para ouvir que ouçam, portanto, é de direito cada qual seguir os caminhos que escolheu.

Entretanto, fico admirado quando vejo, neste século, pessoas que se acomodam às tradições religiosas ultrapassadas, aceitando passivamente conceitos que, com o decorrer dos séculos, tornaram-se incoerentes com a realidade e afrontam a razão e o bom senso. Provavelmente, temerosos de perderem o único céu que conhecem, segundo as tradições religiosas que abraçaram, abdicam da razão e, sem olhos para verem e ouvidos para ouvirem, passam pelo mundo insensíveis à luz do Consolador que clareia este século.

Existe uma velha história que retrata bem a postura daqueles que se acomodam na ignorância, abdicando da própria razão.

Conta essa história que um senhor, nascido e criado em um dos estados brasileiros, depois de assimilar a luz que emana do Evangelho redivivo pelo Espírito de Verdade, renunciou a tudo e tomou a iniciativa de peregrinar pelas cidades do seu estado, levando às ruas a palavra redentora do Evangelho à luz do Consolador. Desde então, passou a viajar no lombo de um burro, visitando os arrabaldes e as grandes cidades.

Transformando as praças públicas em tribuna, realizava suas pregações.

Com o verbo inspirado pelo Espírito amigo que o acompanhava, conseguia inflamar os corações na compreensão da Boa Nova, despertando a fé e a esperança. Os anos foram correndo no relógio do tempo; sua amorosidade no trato com as pessoas que dele se aproximavam provocava um bem estar que todos sabiam reconhecer.

Tornara-se conhecido em todo o estado; suas sementes germinaram: muitas famílias das cidades que visitava passaram a se reunir estudando a Boa Nova.

Certa vez, chegando a uma das cidades que visitava periodicamente, próximo a uma faculdade, viu um grupo de jovens reunidos e resolveu aproximar-se. Amarrou o animal em uma árvore, tirou do alforge o livro *O Evangelho segundo o Espiritismo*, amarelado pelo tempo. Ao abrir suas páginas, um dos jovens o reconheceu e, antes que proferisse qualquer palavra, asseverou:

— Não perca seu tempo, meu velho, aqui você não vai conseguir converter ninguém!

Surpreso com a atitude do rapaz, afirmou:

— Meu filho, eu jamais em minha vida tentei converter alguém. Aliás, só a razão pode converter. Eu apenas exponho o conhecimento; o raciocínio daqueles que me ouvem é que os leva a se converterem, dependendo do grau de discernimento de cada um.

Admirado com a sabedoria do velho, o jovem retrucou, sorrindo:

— O senhor tem o verbo fácil, porém, todos os que aqui estamos seguimos a tradição de família. Já possuímos as nossas convicções religiosas e não mudamos.

— Então, só me resta abençoá-los e seguir o meu caminho.

Quando se preparava para montar o lombo do burro, um dos jovens fez-lhe uma pergunta:

— Eu ouço falar do senhor há muito tempo; dizem que peregrina pelo mundo a fora há mais de vinte anos. Responda-me uma coisa: esse burro o acompanha todo esse tempo?

— Sim! Meu filho, ele tem sido meu fiel companheiro durante todos esses anos!

O jovem, em tom de ironia, questionou:

— Diga-me? Pelo menos a ele conseguiu converter para a sua fé?

O velho peregrino coçou a cabeça, olhou para os jovens e, assimilando o clima de ironia à sua volta, arrematou:

— Não! Meu filho, ele não muda. Não consegue raciocinar. Seu instinto o obriga a seguir a tradição de família.

Os jovens ficaram entreolhando-se, enquanto o velho peregrino se afastava montado no lombo do burro.

Não é de se estranhar o comportamento dos jovens, pois, as religiões, na Terra, sempre foram tratadas pela maioria dos fiéis como um requisito social ou apenas uma tradição, cada um segue a sua, segundo os costumes da raça ou da família.

Jesus, em momento algum propôs qualquer culto ou religião, revelou e exemplificou ao homem o comportamento ideal para a construção da felicidade. Não foi um místico, porque viveu entre o povo e não praticou nenhum ritual e afirmou que um dia todos fariam o que ele fez. Demonstrou como usar a força da fé sobre os elementos sem desrespeitar as leis naturais da vida; ao contrário, revelou-as ao homem, aproximando-o do conhecimento da sua real natureza.

Nenhum tratado ou conceito de psicologia conhecidos até hoje se igualam aos contidos no Evangelho. Infelizmente, o excessivo cunho religioso que se deu aos ensinamentos do Mestre, de certa forma, obscureceu a profundidade científica e filosófica do seu conteúdo, levando os homens de ciência a se afastarem de um estudo mais aprofundado das leis universais reveladas no seu contexto.

Hoje, à luz da reencarnação, compreende-se claramente que, o comportamento que nos propõe cada um dos seus ensinamentos, é pura ciência de vida. Aliás, abrange todas as ciências conhecidas pelos homens. No Evangelho, agora, compreendido e redivivo pela luz do Consolador, percebemos que estão contidas todas as soluções para os problemas de ordem política, filosófica, psicológica e médica. Enfim, é nele que encontramos a solução final para todos os problemas físicos, psíquicos, materiais e espirituais que afligem a humanidade.

Depois do fracasso de todos os sistemas políticos e sociais, implantados pelos homens, despido do religiosismo que lhe atribuem, o Evangelho, surgirá vitorioso sobre todos os conceitos e será o sistema final que deverá ser adotado e, com certeza, conduzirá a humanidade para o estabelecimento da paz, da harmonia e da felicidade.

A máxima do Espírito de Verdade que nos propõe: "Amai-vos e Instruí-vos!", coloca o amai-vos em primeiro lugar, destacando-o como o mais importante, pois de nada nos adianta alcançarmos o conhecimento, se não tivermos desenvolvido o amor e a caridade em nossos corações.

O homem sem o conhecimento, condena-se ao primitivismo. Porém, sem os verdadeiros sentimentos, projeta-se à animalidade.

Diante desse quadro, torna-se imprescindível ampliarmos, em nossas instituições, a sementeira do amor nos corações humanos. E é no coração que as sementes deverão germinar, promovendo a florada de sentimentos renovados, dando ínicio à uma eterna primavera que irá colorir, com as flores da alegria, os jardins da felicidade humana.

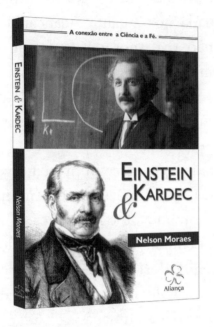

Autor: Nelson Moraes

14 x 21 cm | 160 páginas

"A conexão entre a Ciência e a Fé"

Allan Kardec foi o cientista da alma;
Albert Einstein deu a alma à ciência.

Essas duas admiráveis personalidades trabalharam animadas pelo mesmo espírito em épocas diferentes almejando o mesmo objetivo: contribuir para desenvolver nos corações humanos uma religiosidade genuína fundamentada em um conhecimento científico mais amplo e mais profundo da natureza humana.

Nelson Moraes

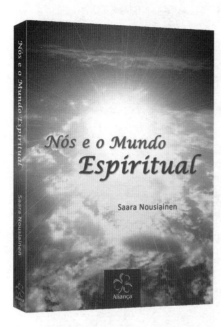

Autor: Saara Nousiainen

Gênero: Espiritismo
11 x 15 cm | 208 páginas

Tudo sobre o mundo espiritual e seu inter-relacionamento conosco, nos milenares processos evolutivos do ser humano e da vida.

– Para onde vamos depois da morte.

– As leis cósmicas.

– Obsessão.

– Mediunidade.

– A reencarnação.

– O mundo espiritual.

– O que são espíritos sofredores.

Os ensinamentos de Jesus sob nova ótica e muitas outras questões.